CLAUDE-FRANÇOIS AMOUDRUZ

ARCHITECTE DU PONT ST-JOSEPH

DE RUMILLY

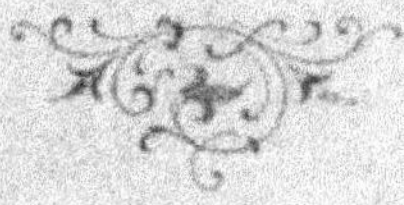

par l'Abbé J.-M. Lavorel

CURÉ DE SCIEZ,

MEMBRE DE L'ACADÉMIE SALÉSIENNE

RUMILLY
IMPRIMERIE ALEXIS DUCRET
—
1889

CLAUDE-FRANÇOIS AMOUDRUZ

ARCHITECTE DU PONT ST-JOSEPH

DE RUMILLY

par l'Abbé J.-M. Lavorel

Curé de Sciez,

Membre de l'Académie Salésienne

RUMILLY

Imprimerie Alexis Ducret

1889

CLAUDE-FRANÇOIS AMOUDRUZ

Architecte du Pont Saint-Joseph de Rumilly

MESSIEURS,

Je viens revendiquer pour une famille du Faucigny l'honneur d'avoir produit l'architecte du pont St-Joseph, dont Rumilly est justement fier.

J'ai hésité à faire au Congrès cette communication. Elle contredit, au moins en apparence, M. Croisollet, le consciencieux historien de Rumilly ; et, commettre à l'égard de ce pionnier de nos travaux historiques la moindre indélicatesse, me paraît une faute impardonnable. Mais il y a, entre M. Croisollet et moi, un terrain d'accommodement. D'après cet auteur, l'architecte du pont St-Joseph fut un M. Garella ; je vais dire que cet architecte fut un M. Amoudruz. Voici comment les deux affirmations se concilient. A l'époque dont il s'agit, M. Garella était ingénieur en chef du duché de Savoie (1) ; il eut sans doute, en cette qualité, la haute direction de l'entreprise. Mais le plan du pont et l'exécution du travail furent la part de M. Amoudruz. C'est ce que je montrerai en m'appuyant sur des notes de famille et sur des indications puisées aux archives publiques.

Le nom de M. Garella semble italien (2) ; gardons pour

____

(1) Archives départ. de Chambéry et d'Annecy.

(2) Depuis que ce mémoire est écrit, j'ai pu me convaincre qu'il y a des *Garellaz* savoyards.

la Savoie les gloires qui lui appartiennent. Nous l'aimons comme une mère ; à sa couronne jamais nous ne pourrons ajouter assez de fleurons.

L'architecte Amoudruz n'est pas, du reste, le seul personnage distingué que le Faucigny ait momentanément prêté à la cité de l'Albanais. Ménenc, à qui M. l'avocat Descostes a donné une si belle place dans le panthéon rumillien, Ménenc était faucigneran, clusien de pure race, une des illustrations de l'ancienne capitale du Faucigny (1).

Claude-François Amoudruz était né à Samoëns vers le milieu du dix-huitième siècle. Il devint architecte à Bonneville. En 1775, il fit exécuter dans la ville de Cluses des travaux et des embellissements considérables (2). Il rendit aussi des services à Sallanches, et par reconnaissance, cette ville lui conféra, pour lui et ses descendants, le titre et les droits de bourgeoisie.

Vers 1787, Rumilly songeait à établir d'une manière définitive le pont St-Joseph. Entreprise jusque-là plusieurs fois (3), l'œuvre n'avait pu réussir. L'administration du duché mit l'affaire au concours, demandant aux principaux architectes de la Savoie de préparer un plan individuel. Déjà presque tous ces travaux étaient parvenus à Chambéry, lorsque M. l'ingénieur en chef réclama avec instance le plan de l'architecte de Bonneville. M. Amou-

---

(1) V. *Cluses et le Faucigny* (2 vol. in-8°, Annecy, Niérat, 1888, 1889) par M. l'abbé J.-M. LAVOREL, première partie, p. 186 et suiv.

(2) *Ibid.*, p. 136 et suiv.

(3) Notamment en 1750, Reser, ingénieur. En 1785 on fit un pont en bois, provisoire sans doute ; Garella, ingénieur, Rey, entrepreneur (Arch. dép. d'Annecy).

Le projet en avait été dressé en 1783, comme l'atteste une lettre de M. de Cravanzane, du 27 septembre, même année (Arch. dép. de Chambéry, c. 286, *Lettres des Finances*. Communiquée par M. Antony Dessaix).

druz demanda un mois de sursis ; car il trouvait la chose délicate.

Son plan, arrivé le dernier, se trouva le premier, préféré à tous les autres. La difficulté était de le mettre à exécution : monter des piles si hautes, jeter sur l'abîme une arche à l'ouverture si vaste, nul entrepreneur n'osa le tenter. D'ailleurs, les insuccès précédents n'étaient pas faits pour donner du courage. M. Amoudruz accepta de s'en charger lui-même, et passa deux ans à Rumilly pour diriger la construction. Le pont fut terminé en 1791.

A la réception, qui fut faite devant l'intendant général, l'ingénieur en chef, les autorités locales et la ville, le pont résista à l'épreuve — et il résiste encore.

Cette heureuse issue fit nommer Amoudruz second ingénieur de la Savoie, avec résidence à Chambéry.

Son histoire est intéressante à suivre.

C'est à Chambéry que le trouva la Révolution. Il n'émigra point tout d'abord ; mais, sacrifiant sa position, il se retira à Saint-Gervais en Faucigny, patrie de sa femme, Marie-Hélène Paccard, d'une famille de notaires.

Il était là lorsque, dans l'été 1793, se dessina le mouvement de résistance des troupes sardes contre les armées de la Convention.

L'enthousiasme était grand parmi les paysans du Haut-Faucigny. Ils accouraient en foule, acclamant les soldats du Piémont comme des libérateurs, et demandant des armes pour combattre à leurs côtés. Le nombre est prodigieux de ceux à qui l'on dut en refuser.

Comme la petite armée manquait d'artillerie, cent de ces intrépides montagnards vinrent, au Petit-St-Bernard, prendre deux canons, qu'ils transportèrent à force de bras jusqu'au col du Bonhomme. Le héros de ce coup de main était M. Amoudruz. Au col du Bonhomme, il fit placer les canons dans des billots de sapin creusés, et opéra la descente à cheval sur l'un d'eux (1).

On venait de rejoindre le gros des troupes. Le 17 août, pendant la bataille de St-Gervais, le capitaine Gerdil, neveu du cardinal de ce nom et cousin de M. Amoudruz, dit à celui-ci : « Puisque voici du canon, saluons convenablement l'ennemi. — Vous avez eu la peine d'amener les pièces, à vous l'honneur de tirer le premier coup. J'en suivrai l'effet avec ma longue-vue. »

Dans le lointain, on observait un chapeau à panache. Amoudruz le vise, tire et le panache tombe. C'était le chapeau du conventionnel Simond, représentant du peuple — encore un nom qui touche à l'histoire de Rumilly — ; mais le chapeau n'était que sur un pieu, où l'avait déposé son propriétaire, afin d'être moins en évidence pendant l'action (2). Simond connut le fait et mit à prix la tête de M. Amoudruz ; une somme de 1400 livres était promise au patriote qui se saisirait de sa personne.

Les canons de notre architecte n'en firent pas moins le succès de l'armée sarde à la journée de St-Gervais.

Après le retour offensif des Français, deux soldats vinrent un soir frapper à la porte de la maison Paccard et sommer, au nom de la loi, Amoudruz de les suivre. Ce qu'il fit. Mais lorsqu'on veut le lier, il croise les bras, comme pour se laisser faire, et les rouvre tout à coup avec

(1) V. *Cluses et le Faucigny*, deuxième partie, chap. IVme, où l'on peut lire toute l'histoire de la campagne du Faucigny, en 1793.

(2) Outre les souvenirs de famille qui nous l'ont conservée, cette circonstance fut attestée au fils de l'architecte, M. Pierre Amoudruz, percepteur de Vieugy, à Annecy, vers 1845, par un soldat qui venait à son bureau retirer sa pension, et qui, en combattant du côté des Français, avait été témoin de l'enlèvement du chapeau à panache.

Quant à l'arrivée des canons pendant l'affaire du 17 août, voir ce qu'il en est dit dans *Cluses et le Faucigny*, deuxième part. p. 54.

force, renversant à droite et à gauche les deux troupiers. Il leur échappe à travers les bois et s'enfuit jusqu'à Bionnassey. De là, il revient secrètement, cache son argenterie dans le cendrier, obstruant l'ouverture par une maçonnerie à laquelle il donne un air de vieux, achève ses préparatifs de départ et prend, avec sa femme et deux enfants de cinq et six ans, le chemin du Piémont.

La petite caravane marchait depuis longtemps, et déjà la fatigue avait exténué les deux enfants, lorsqu'on fut rejoint par un muletier savoyard, auquel M. Amoudruz avait rendu quelques bons offices. Hissés des deux côtés du bât, les pauvres petits furent confiés au muletier, qui prit l'avance, avec promesse de les déposer au premier hôtel de Suze, vers la porte de Savoie. Ils y passèrent une nuit seuls, recevant pour la première fois les soins de mains étrangères. Le lendemain, en s'éveillant, ils se disaient : « Papa nous a mené perdre. » Et instinctivement, le petit garçon sauta à la fenêtre, pour fouiller des yeux cette route de l'exil qui portait tant de malheureux. Il vit arriver, non point son père et sa mère, mais deux prêtres qu'il n'eut pas de peine à reconnaître. « Sophie, dit-il à sa sœur, nos curés ! » MM. Poncet et Moret, curé et vicaire de St-Gervais, rentrés à la suite des troupes sardes avaient dû prendre à nouveau la route du Piémont. Ils reconnurent également les petits Amoudruz, montèrent les consoler, les emmenèrent à la messe, leur promettant qu'ils retrouveraient ensuite papa et maman.

La messe dite, on revint en arrière, et, en effet, les exilés ne tardèrent pas à être réunis.

La famille Amoudruz se rendit à Turin, où se trouvait l'ex-intendant général de Chambéry. Grâce à lui, l'architecte fut nommé capitaine de la solde dans la vallée d'Aoste.

Les jours lui furent longs en exil. Il n'attendit pas la

fin de la Révolution avant de revenir à Samoëns. Poursuivi par ordre du district de Bonneville comme émigré rentré, il put cependant garder sa liberté moyennant caution.

Après le rétablissement de l'ordre, il ne retrouva point sa situation d'autrefois. Il sut néanmoins faire de ses loisirs un noble usage, en vouant sa science d'architecte à la restauration des édifices consacrés au culte. On lui doit vingt-quatre plans d'églises, dont il dirigea les travaux, tant à Rive-de-Gier qu'en Savoie. Il fit bâtir, entre autres, les églises de Morzine, du Villard-sur-Boëge, de St-Sigismond-sur-Cluses. Musicien organiste, il confectionna des orgues pour cette dernière localité. Pendant son séjour à Rumilly, il avait réparé les orgues de l'église paroissiale (1).

Claude-François Amoudruz était un caractère. Il ne dévia jamais. A travers beaucoup d'épreuves, il conserva ses convictions et sa foi, et les légua à ses descendants.

Rappeler sa mémoire dans ce Congrès n'était pas déplacé. Il tient à Rumilly par un double lien ; lien matériel, fait de pierres et de ciment ; lien moral, la grandeur d'âme ; sa vie, en effet, peut se résumer par le mot des Rumilliens magnanimes : ET CAPOÉ !

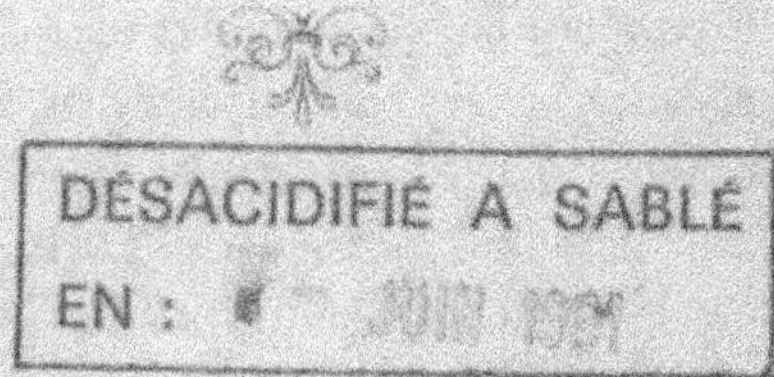

(1) Croisollet, *Histoire de Rumilly*, Vº Orgues.

9 782329 239583